U0040183

扉ㄈㄟ頁一ㄝ的ㄉㄜ第ㄉㄧˋ一ㄧ頁一ㄝ

扉ㄈㄟ頁一ㄝ的ㄉㄜ第ㄉㄧ二ㄦ頁一ㄝ

厭世動物園

#各種眼神死ㄉ
動物故事

圖文by厭世姬

歡迎光臨

祝你天天都厭世

厭世動物園

天天都有ㄅ丂事

#好喔

「我最近最厭世的行為是，沒有把厭世姬簽下來」

我最近最厭世的行為是，只有嘴巴說說，沒有真的把厭世姬簽下來，這傢伙一定會紅，一定會大賺。因為這世界太討人厭了。

每次想起，我就覺得扼腕，而因為太常想起，現在手腕已經斷了。

是的，我們多數人，在這世上，都不是懂得運用手腕的人。

於是，看著他們人生勝利（你知道的，那些他們…#*&@），我們只能想著，也許自己是卓勝利。

然後，連這樣想，都被嘲笑，因為比你年輕的，不識卓勝利。

在廣告公司加班到凌晨四五點時，我們常會說，感覺快往生了，往生感很重。

但隨著我觀察食人魚在河裡努力向上游，終於瞭解人生大概不會是什麼好東西之後，我覺得，往生還算是積極正面的呢，畢竟，你以為你是往生的方向前進，但事實是，你哪裡也不能去，哪裡也去不了，你只是在辦公室，你只是，厭世。因為認真就輸了，所以無力假裝贏，只好用力假裝蠅，一樣嗡

嗡嗡，卻不被欣賞。

　　那天讀到消防署提出拆蜂窩不該是消防隊員的工作，更可怕的是，就算拆除虎頭蜂窩、捕捉毒蛇殉職，消防隊員也無法得到國家獎敘賠償，因為這不算因公，這不是他們法定的工作。看！(LOOK!)這光想，就……就厭世啊～

　　消防署指出這應屬農委會權責，而農委會卻大聲疾呼，「蜜蜂不是動物！」完全顛覆傳統生物學，充分展現創新改革積極奮發，許多父母因此大喊這樣我要怎麼教孩子，連蜜蜂，厭世了。

　　是啊，你們這些懂事的大人們，如此有所為有所不為，真讓人想打電話不說喂改說看！(但這不恰當，因為電話要用聽的，不能用看的)。

　　終於，厭世動物園開了，正所謂一園復始，萬象更新，(想像一萬隻大象迎面拔山倒樹衝來，什麼東西都會更新了吧，都更也不成問題)，我們這些禽獸不如的，多少可以喘息一下，偷偷從鐵柱之間的縫隙，窺看動物們的完好哲學，然後，假裝好多了，太好了。

　　其實，不買這書也沒關係，反正你那麼厭世了，乾脆離世吧。

　　但我一定會買，因為我厭世，因為我覺得這書比這世界有意思。你都對這世界百般忍讓卑躬屈膝了，到底為什麼不能給自己和朋友各來一本保證會讓你快樂的書呢？

　　噢，耶～

盧建彰

我厭世 只是因為我懶

很多人問我厭世是什麼？為什麼厭世？好像期待一個深刻的答案，希望這答案充滿寓意與哲理，能指引人生的方向。但其實，我厭世，只是因為我懶。

回到家，沒洗衣服所以沒乾淨內衣褲穿，只好穿比基尼—我厭世。

想出門吃飯但下雨了，只好把去年的粽子蒸來吃—我厭世。

工作好無聊，上班好痛苦，可是不賺錢活不下去—我厭世。

公車超擠又充滿汗臭是不會用止汗劑嗎混帳—我厭世。

我懶得去找更好的工作，懶得改善自己的生活，懶得洗衣服整理房間，懶得運動，懶得吃健康的食物。但就算這麼懶、這麼廢，還是活得好好的啊。

如果我是豬的話，我一定會成為吃了讓大家拉肚子的香腸。

動物其實不厭世，厭世的是人。

貓過得超爽啊，柴犬更是爽得一臉萌蠢樣，一點都不厭世，好嗎？

但確實也有些滿衰的動物，例如時常被虐殺的流浪貓狗、動不動就被抓來吃掉的野生動物，還有鼻孔被吸管插到的海龜之類。

但我想動物到生命的盡頭都還是會努力的活下去，只有人才會因為要加班、補班、失戀之類的事情活不下去。

可是當人們生活的情境被放到動物身上時，不知為何，身為人的我看到之後就會覺得很爽很好笑。

啊，我好變態……

看到別人倒霉，自己就會快樂了。

成功人士的故事已經騙不了我們，年紀輕輕就能買房的，一定是家裡有錢。出國留學念名校的，也是家裡有錢。早早結婚生小孩的，絕對是家裡有錢。而且不只有錢，還有房。

我們這種沒錢沒房沒車的廢魯蛇，除了找有錢人結婚之外，還有另外一條脫魯之路，那就是精神勝利法。反正錢很世俗啦，結婚生小孩很世俗啦，功成名就很世俗啦。

厭世就是討厭這世間的一切，就算身體不得不留在這個世界上，心裡也要離得遠遠的。

總歸一句話，我厭世我最高尚。

贏了。爽。

厭世姬

PART 1
厭世動物故事

PART 2
厭世生活指南

PART 3
厭世寓言與童話

BONUS
厭世萌服務

PART 1

本章汲取動物的生存智慧，提供你我在社會生存的法則。
不過就算照著做也不會過得比較順。

噪

1. 斑ㄅㄢ 馬ㄇㄚ˙

斑馬排成一列躺在地上，一副很想死的樣子。

「看屁啊，沒看過斑馬線喔？」一隻斑馬開口說。

「這樣子的斑馬線我還真沒看過。」我回答。

斑馬在地上伸展了一下，掙扎著想要站起來，但身體牢牢黏在柏油路上。

「其實身為非洲草原動物，我們對於人類的交通問題一點興趣都沒有。假使說人類不走斑馬線而被車子撞到的機率是50%的話，身為一隻斑馬而被獅子吃掉的機率可能是200%。」

「嗯。」我說。

「我們一生中超過80%的時間都在思考嚴肅的生存問題。」斑馬說。

「是喔，例如什麼？」原來斑馬是哲學家啊，我心想。

「就是盡量不要讓自己成為群體中最弱的一隻、被追捕的時候避免落單而被吃掉等等諸如此類。」

「那剩下 20% 的時間呢？」我問。

「睡覺和吃草。」

每天生活在各種死亡威脅中的斑馬，居然被拿來當做引導人們安全過馬路的交通標示，斑馬本人表示厭世。

（註：本文作者不具備任何動物專業知識，本文所引述之斑馬被獅子吃掉的機率等完全都是鬼扯，如要引用後果請自行負責。）

2.北極熊

#厭世哭哭智慧
#講話不要太白目

有一天北極熊一覺醒來發現自己在一個奇怪的地方，

周遭充滿看起來很笨的黑白鳥。

這位是黑白鳥（就是企鵝）。

北極熊說：「喂，白癡黑白鳥，你們的腿好短喔！」

企鵝說：「肥仔，你媽沒教你禮貌嗎？ㄐㄅ啦！」

北極熊說：「你們腳這麼短，可以跑步嗎？」

企鵝說：「不能跑步，可以踢死你啦混帳！」

然後北極熊就被企鵝集體踢死了。

3. 兔ㄊㄨ子ㄗ

兔子買了飲料店新推出的飲料之後，差點吐出來。

「天哪好難喝！怎麼會這麼難喝！」兔子心裡是這麼想的，

但牠不敢講出來，因為牠是一隻可愛的兔子。

可愛的兔子不會隨意批評別人用心調配的飲料。

「但真的好難喝，難道只有我覺得難喝嗎？」

兔子環顧四周，大家都非常快樂地喝著飲料，沒有人覺得難喝。

「怎麼可能！難道是我的味覺出了問題？」兔子實在太痛苦了，

牠決定上網問問大家的意見：

大家安安，無意冒犯，

但我真的覺得飲料店新推出的飲料很難喝耶，有人也這樣覺得嗎？

理性勿戰喔～ ^^

「沒錯！終於有人說出來了！」

「真的超難喝啊！」

「原來我不孤單……」

「你真是勇者，應該要求退費！」

網友熱烈的回應讓兔子感到很溫暖，兔子決定跟飲料店反應一下。

「這樣也是幫助店家進步呢！我真是隻好兔子。」

「你好，請問你是老闆嗎？是這樣的，

我覺得你們新推出的飲料，實在太難喝了呢！」

從此再也沒有人見過這隻兔子。

4. 貓（ㄇㄠ）（蔡ㄘㄞˋ 想ㄒㄧㄤˇ 想ㄒㄧㄤˇ）

總統養了一隻叫想想的貓，後來又領養了一隻叫阿才的貓。

接著，她領養了三隻狗。

做這些事之前，

總統有問過想想的意見嗎？

沒有。

總統有想過想想的感受嗎？

沒有。

想想心裡苦，但想想不說。

5. 石ㄕˊ虎ㄏㄨˇ

「這條道路不開不行！這可是關乎我們發展的重要道路！」

穿著西裝的中年石虎大聲疾呼。

「可是，那條路開通之後，就會影響到人類的生活啊！」石虎小

妹說。

「哼！人類有什麼好的，人類不是善良動物，牠們會吃雞！」

西裝石虎說。

「對啊！對啊！」其他的石虎也附和。

自從這個鎮開通了幾條道路之後，人類就常常在過馬路時被撞死。

這兩個月以來，已經有五個人被撞死了。而偷吃雞的人類，

則是常常踩到捕人夾，而斷手或斷腳。

「人類⋯⋯也是生命啊！」石虎小妹說。

「哎呀，人類多到氾濫啊，我們都拿來打牙祭。」

西裝石虎講完，哈哈大笑。其他的石虎也跟著笑起來。

石虎小妹默默地走開了，她希望山裡的人類都可以好好地活下去。

6. 龍（ㄌㄨㄥˊ）王（ㄨㄤˊ）鯛（ㄉㄧㄠ）

#厭世哭哭智慧
#得意忘形就GG了

「ㄍ！拎北瀕臨絕種耶！」龍王鯛被魚槍射中的時候，奮力地大喊。

「快放開我！拎北是瀕臨絕種的龍王鯛，

被釣起來吃掉的話，海裡就沒剩幾隻了！」

釣客把龍王鯛放在地上，得意地拍了幾張照。

「快把我放回海裡啊啊啊啊啊——」

釣客聽不懂龍王鯛的話，然後龍王鯛就斷氣了。

龍王鯛的魂魄飄到天上，

牠看到幾百個馬糞海膽的魂魄在天空中飄蕩。

「啊，原來這就是瀕臨絕種的海洋生物的天堂嗎？」

龍王鯛開心極了，在天空中飄來飄去。

「咻——」

忽然，龍王鯛又被魚槍射中了。

天使釣客把龍王鯛放在雲上，得意地拍了幾張照。

7. 狼 ㄌㄤˊ

狼叫著叫著，就忘記自己是誰了。

牠看不到自己的臉，可是看得到自己身上的毛。

「我的毛真是蓬鬆啊，我一定很可愛！」狼這麼想著。

狼快樂地蹦蹦跳跳，從草坡上咕嚕咕嚕地滾下來。

「我是一隻可愛動物！」狼大喊。

一隻毛茸茸的可愛兔子從草叢裡跳出來。

「屁咧，你超醜！」兔子說：「我才是可愛動物好嗎？」

兔子的話深深刺傷了狼的心，狼哀傷地說：

「你為什麼要這麼說，我們……都是毛孩子啊！」

然後兔子就被吃掉了。

8. 狗ㄍㄡˇ（伊-莉ㄌ一ˋ莎ㄕㄚ白ㄅㄞˊ）

有一天晚上我出門倒垃圾，聽到巷子裡的歐巴桑大叫著：

「伊莉莎白！伊莉莎白！」我好訝異，在我們這種破爛的巷子裡，

怎麼會有人叫「伊莉莎白」這種華麗的名字呢？

我左看右看，都沒看到任何長得像伊莉莎白的人。

過了一會兒，一隻白色的狐狸狗從遠處緩緩走來，

一臉不屑的看著我。

「看屁啊，沒看過叫伊莉莎白的狗喔？」

我以為狗開口說話了，嚇了一跳。

還好，這句話是歐巴桑說的。

9. 沖(ㄔㄨㄥ)之(ㄓ)鳥(ㄋㄧㄠˊ)

鳥決定今天要去衝浪，牠帶著衝浪板到了海邊。

牠衝著衝著就變成了一個島。

這就是沖之鳥島的由來。

10. 老鼠（ㄌㄠˇㄕㄨˇ）

#厭世哭哭智慧
#所有的抱怨都是假的

「當十二生肖之首，壓力很大的！」老鼠說。

牠在房間內來回踱步，點了一根菸。

「你也知道，大家都說我為了當第一，把貓推下河。

其實根本沒有這回事，我輩老鼠數千年來都是貓的獵物，

怎麼可能會跟貓一起渡河呢？貓為了抓我，才捏造出這些謊言。」

老鼠深深嘆了一口氣。

「你以為我想當生肖動物嗎？當生肖動物一點好處都沒有。

在動物的世界中，可愛才是最重要的。

像我們這種骯髒又有傳染病的動物，就算是十二生肖之首，

被印在金幣上，還是人人喊打。

你看，貓雖然不是十二生肖，
但貓把我們咬死獻給人類的時候，
人類都說這是好事，是貓的報恩。」

這時，一隻貓走了過來，說：
「好啊，不然你不要當生肖，給我當。」
老鼠說：「不要。」

11. 鱷ㄜˋ魚ㄩˊ

有一個故事是這樣的：在某個遊樂園中，有一個非常大的人工湖。

有一天一隻鱷魚爬上岸，把一個在湖邊玩水的小孩拖下水。

小孩的家人驚駭無比，急忙報警。

很不幸地，當搜救隊找到孩子的時候，他已經沒有了氣息。

警方表示小孩應是溺水而死，身上並無明顯傷勢。

另一個故事是這樣的：有一群住在天然湖泊中的鱷魚，

找到了前往樂園人工湖的方法。一些鱷魚移居到了人工湖，

默默地生活著，樂園的管理者都不知道這些鱷魚的存在。

有一天一隻鱷魚爬上岸，把一個在湖邊玩水的小孩拖下水。

搜救隊為了尋找小孩，捕了五隻鱷魚，

將牠們安樂死之後剖腹檢查。

但鱷魚的肚子裡什麼也沒有。

12. 牛 ㄋㄧㄡˊ

「你知道反芻是一件多噁心的事情嗎？

把胃裡的東西倒流回口腔，嚼一嚼吞下去，

再倒流回口腔，再嚼一嚼吞下去，一直循環。

唉，誰叫我有四個胃呢？

但也是因為有四個胃，

諸君才能有這麼多牛肚可以吃啊！」

13. 老_{ㄌㄠˇ}虎_{ㄏㄨˇ}

老虎今天心情很不好，有人偷走了牠的便當。

中午，老虎打開公司的冰箱，準備享用美味的午餐，

卻找不到自己的便當。

「我早上一進辦公室，就把便當放進冰箱裡了啊，怎麼會不見？」

老虎東翻西找，還是找不到便當。

「啊啊，我今天帶的是昨天抓到的羚羊呢，

好想吃喔……好想好想吃有嚼勁的羚羊腿、肥嫩的羚羊肚。

可惡！到底是誰偷走我的便當？」

沒有人知道誰偷了老虎的便當。

但自從公司的老闆娘在那天神秘消失之後，

再也沒有人敢偷走老虎的便當了。

唉……

14. 雞ㄐㄧ

常在鹽酥雞的招牌上看到比著讚的雞，

或在薑母鴨的招牌上看到戴著廚師帽的鴨子。

感謝雞鴨無私奉獻，被吃了還笑容滿面。

15. 馬ㄇㄚˇ

馬是一種很喜歡吃草的動物。

喔

16. 海ㄏㄞˇ龜ㄍㄨㄟ

#厭世哭哭智慧
#欺負動物現世報不要哭

自從我看過從海龜鼻子裡拔出塑膠吸管的影片之後，

我就決定使用不鏽鋼吸管了。

希望大家可以跟我一起這麼做。

17. 羊_{一尢'}

在英國，有個牧羊人的羊一直被偷走。

他不堪其擾，於是決定把羊全部染成橘色。

同樣的事情如果發生在台灣，羊就會被噴上「偷拿斷手」。

（我家樓梯間到現在都還放著一個噴了「水電小陳的梯子偷拿斷手腳」

的梯子，但水電小陳一直沒有要來拿的意思。）

18. 貓（肥雪）

#厭世哭哭智慧
#又高冷又撒嬌你不是貓小心被揍

「看三小，沒看過貓擺臭臉喔？」白貓肥雪說。

「機掰啦，讓路啦，拎北要過啦！」肥雪一邊走，

一邊把周圍的東西踢翻。

「拎北要曬太陽啦！」肥雪把窗台上的盆栽推落地，

在窗台上盡情伸展身體。

「拎北是 king of the world，不會給人類好臉色啦！」

肥雪曬著太陽漸漸睡著了。

「吃罐罐囉！」主人敲著罐頭叫肥雪，牠馬上跑到主人腳邊磨蹭，

還在地上翻肚打滾。

「喵——喵喵喵——喵——（看三小，大丈夫能屈能伸啦！）」

19. 熱(ㄖㄜˋ)帶(ㄉㄞˋ)魚(ㄩˊ)

某動畫公司的新片上映了，是一部關於海底世界的動畫。

「機掰啦，幾年前就演過了，現在又來，

是要我們再失去多少兄弟姊妹！」小丑魚說。

「靠，這次換拎鄒罵當主角了，不知道會不會被抓去養？」

俗名藍倒吊的擬刺尾鯛說。

「這種片就是會引起養魚潮啊，還是要一直拍，當魚真衰小！」

「明明電影裡也有說魚不想被抓，

不知道為什麼還是有北七看了片之後硬要養。」

「好啦保重啦！」

「你也是啦，祝你不要被抓！」

20.孔雀

小時候，我家裡養孔雀。我常在院子裡看牠，希望牠開屏。

爸爸說，對孔雀吹口哨，吹得好牠就會開屏。

我時常對牠吹上一、兩個小時，牠卻怎麼樣都不賞臉。

我想，是我吹得糟，還是我們家的孔雀夠性格？

有一年中秋節，家裡烤了全雞。那隻雞特別大，

媽媽、哥哥、姊姊都疼我，照例把雞腿留給我。

那雞腿比一般的雞腿大上兩倍，好好吃！

吃完了烤雞，全家人到院子裡賞月。我想看孔雀，就喚牠出來。

叫喚了很久，都不見牠的蹤影。我在院子裡找，

卻怎麼找都找不到。那天之後，我再也沒看過家裡的孔雀。

摘錄自民明書房《中秋節的回憶》

21. 大ㄅㄚˋ象ㄒㄧㄤˋ

看屁啊！沒看過大象做仰臥起坐喔？

22.蛇（伏地挺身）

#厭世哭哭智慧
#趴著總比站著好

看屁啊，沒看過蛇做伏地挺身喔？

23. 老鼠（咬插頭）

（注音：老ㄌㄠˇ鼠ㄕㄨˇ（咬ㄧㄠˇ插ㄔㄚ頭ㄊㄡˊ））

#厭世哭哭智慧
#肖想變成不是
你的樣子就藍瘦香菇ㄌ

自從我的老鼠聽過皮卡丘之後便非常嚮往。

我不忍心告訴牠，就算咬了插頭也不會變成電氣鼠啊！

24. 哈ㄚˇ 士ㄕˋ 奇ㄑㄧˊ

#厭世哭哭智慧
#狂打馬虎眼可以把人激怒

試問：哪隻是狼？哪隻是哈士奇？

答：狼旁邊是哈士奇，哈士奇旁邊是狼。

（這個答案來自古人的智慧。）

25. 大(ㄉㄚ)白(ㄅㄞ)熊(ㄒㄩㄥ)與(ㄩ)圓(ㄩㄢ)眼(ㄧㄢ)燕(ㄧㄢ)魚(ㄩ)

大白熊加入了戰鬥民族的黑幫，要到南方某小島盜領ATM。

一切都非常順利。大白熊和同夥到了島國，駭入ATM系統，

盜領了好幾百萬的鈔票。

「啊！有了這麼多錢之後，我就可以幫兒子買一台電腦了！」

大白熊和同夥們分了錢，打算各自逃出島國。

不料牠們形跡敗露，全部都被通緝了。

「看來我們是逃不出去了，既然如此，不如好好享受一下吧！」

同夥提議去吃五星級飯店的高級牛排。

「不了，我還有事。」大白熊說。

大白熊背著錢，一隻熊搭火車到了海邊。

「啊，島國的海，果然不一樣……」

大白熊出生在寒冷的大陸，沒有看過碧海藍天，

也沒有感受過溫暖海風的吹拂。

大白熊在附近買了一台腳踏車，決定沿著海岸騎車，享受島國的風景。

騎累了，牠看到海邊有一家高朋滿座的餐廳，決定吃頓飯。

「我們有糖醋白鯧喔，是我們的招牌，要不要試試看？」

老闆娘問大白熊。大白熊吃了白鯧魚和白飯，還喝了飲料。

吃飽之後，大白熊就被警察逮捕了。隔天看新聞，

大白熊才知道牠吃的不是白鯧，是圓眼燕魚。

白鯧比較貴。

26. 貓（毛毛）

#厭世哭哭智慧
#傲嬌可以但不要挖洞給自己跳

鏟貓毛毛很喜歡騎在美貓嚕嚕身上。

嚕嚕說：「走開啦，你不要騎在我身上啦！我又不喜歡你！」

毛毛很傷心，牠想要躲起來，躲在一個沒人找得到的地方。

牠躲到水管裡面結果就卡住出不來了。

27.長頸鹿
（吊單槓）

長頸鹿吊單槓分解動作：

1. 把頭掛在單槓上

2. 縮起雙腿

3. 放下雙腿

4. 重複動作2和動作3

28. 企ㄑㄧˇ鵝ㄜˊ
（仰ㄧㄤˇ臥ㄨㄛˋ起ㄑㄧˇ坐ㄗㄨㄛˋ）

#厭世哭哭智慧
#不想動就不要動不要為自己找理由

企鵝仰臥起坐分解動作：

1.躺平

2.抬高腳和頭還有鰭

3.放棄吧，企鵝是不可能做仰臥起坐的

29. 企鵝
（戴綠帽）

有一天企鵝回家的時候，發現老婆跟小王在一起。

企鵝跟小王打架結果輸了就被趕走了。

30. 蛇ㄕㄜˊ
（擦ㄘㄚ屁ㄆㄧˋ股ㄍㄨˇ）

你有想過蛇大便之後，是不能擦屁股的嗎？

沒有，因為你以為蛇不會大便。

（不要裝了，我知道你不知道蛇會大便。）

31. 金魚
（金魚腦）

#厭世哭哭智慧
#承認自己笨才不會被笑笨

「你才金魚腦，你全家都金魚……什麼？我剛說到哪？」

32. 熊ㄒㄩㄥˊ（失ㄕ業ㄧㄝˋ）

「我很喜歡你喔，Oishi。」

「有多喜歡？」

「像失業的熊一樣。」

「失業的熊？失業的熊怎樣？」

「找工作的時候，你一個人在就業輔導站填資料，

對面就有一隻失業的熊朝你走來，然後對你說：

『你好！小姐，要不要給我一百元買酒喝呢？』

於是你就跟小熊一起喝酒還划了酒拳把衣服脫光光了。

這樣不是很美好嗎？」

改編自《挪威的森林》

33. 鴨ㄚ（大ㄅㄚˋ蔥ㄘㄨㄥ鴨ㄚ）

我們做鴨子的要有骨氣，

就算被做成烤鴨，也不能自備蔥啊！

34. 蠶ㄘㄢˊ寶ㄅㄠˇ寶˙ㄅㄠ

不知道我國從何時開始實施小學生養蠶的課程？

蠶寶寶一點都不想被養。

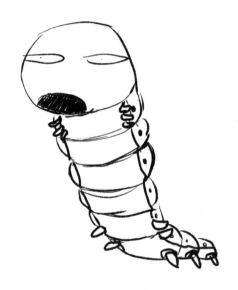

35. 松(ㄙㄨㄥ) 鼠(ㄕㄨˇ)

哎呀，真是世風日下，連松鼠都聚賭。

松鼠：「怎樣？松鼠就只能在樹上看你們下棋、練拳、打籃球嗎？
松鼠不能喝酒、抽煙、玩十八啦喔？松鼠就一定要很可愛嗎？
你們不知道松鼠就是澎尾巴的老鼠喔？」

36. 無ㄨˊ尾ㄨㄟˇ熊ㄒㄩㄥˊ

尤加利樹葉很難消化、營養價值低，而且有毒。

因此，無尾熊會餵小孩吃自己的屎，

而且會為了節省能量一直睡覺。

牠們沒什麼天敵而且食物充足，所以可以一直繁衍。

明明知道尤加利葉有毒，也不會想去找其他的食物。

無尾熊真是一種非常值得效法的動物。

37. 蜥ㄒㄧ蜴ㄧˋ

蜥蜴就是沒有翅膀的龍。

了解這個道理之後，拍攝奇幻電影的成本就變得很低了。

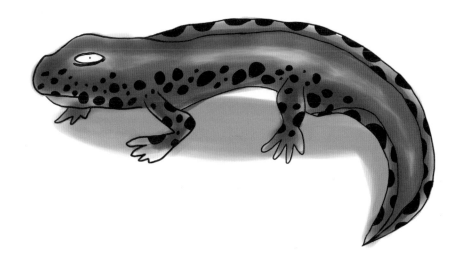

38. 二（ㄦˋ）狗（ㄍㄡˇ）一（一）貓（ㄇㄠ）
（ 假（ㄐㄧㄚˇ）的（ㄉㄜ） ）

#厭世哭哭智慧
#遇到髒東西，
蒙上眼睛就看不見ㄌ

有人說，看到不想看的東西，就閉上眼睛說：「假的！」

我每天起床的時候，也很想對我的人生說：「假的！」

39. 狗ㄍㄡˇ（放ㄈㄤˋ生ㄕㄥ）

#厭世哭哭智慧
#討厭的東西就LET IT GO

40. 把零食貼滿豬

我把辦公室零食桌上的零食都貼滿了豬。

這當然是出於好意，吃太多就會變豬啊。

零食這種東西，是給豬吃的。

我要開動了。

我是豬。

41. 長脖子的雞
（動物實驗）

42. 豬（ㄓㄨ）（供（ㄍㄨㄥ）品（ㄆㄧㄣ））

「欸，你不要再吃普渡的零食了啦！」

「為什麼不可以吃？」

「因為你也是供品啊，相煎何太急咧？」

43. 貓(ㄇㄠ)
(你(ㄋㄧˇ)的(ㄉㄜ˙)名(ㄇㄧㄥˊ)字(ㄗˋ))

#厭世哭哭智慧
#再帥的名字不叫也是枉然

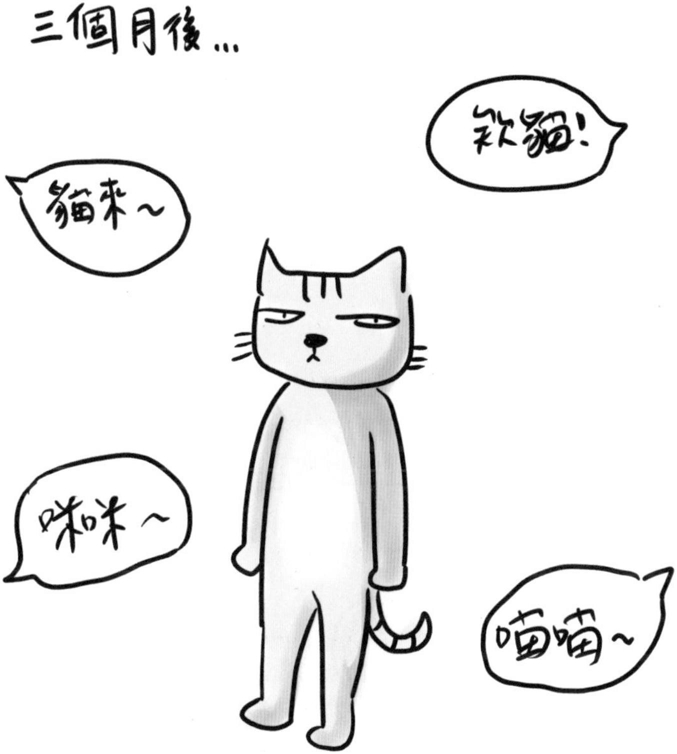
三個月後...
欸貓!
貓來~
咪咪~
喵喵~

44. 貓ㄇㄠ
（ 貓ㄇㄠ咪ㄇㄧ在ㄗㄞ忙ㄇㄤ ）

天冷了，開車前記得拍拍引擎蓋

貓咪可能在忙

45. 豬ㄓㄨ雞ㄐㄧ牛ㄋㄧㄡˊ魚ㄩˊ
（普ㄆㄨˇ羅ㄌㄨㄛˊ米ㄇㄧˇ修ㄒㄧㄡ斯ㄙ）

普羅米修斯把火帶給人類的時候，
有考慮過我們的心情嗎？

46.鯊（ㄕㄚ）魚（ㄩˊ）（釣（ㄉㄧㄠˋ）竿（ㄍㄢ）ˉ）

人家都說：
給孩子魚，
不如給他釣竿。

47. 火「ㄏㄨㄛˇ」雞「ㄐㄧ」

感恩節要到了，公雞、母雞領著小雞們走到火雞家門口。

「火雞！謝謝你！在一年中這個重要的日子，

代替我們成為人類的食物！」

「好了好了不用謝。」火雞揮揮翅膀，把雞群趕走。

「大家都是雞，不用分那麼細。」

48. 馬ㄇㄚˇ
（拿ㄋㄚˊ破ㄆㄛˋ崙ㄌㄨㄣˊ）

人善被馬騎

馬上拿破輪崙

0 2

厭世牛奶，讓你眼神死。

一杯奶，一世情。

#牛有說要給你喝ㄇ

厭世牛奶

特價38

03

厭世旗魚鬆

\# 不要不要不要不要

100%非旗魚。

只是罐子上有旗魚的圖案，

逢年過節，送給你最不在乎的人。

特價 449

0 4

灑花熊洗衣精

誰跟你說熊喜歡洗衣服

花兒香，熊毛軟，每天灑花真愉快
髒衣服，都給我，洗衣不愁，
因為我有灑花熊。

特價87

05

矮老虎油

LOVE TIGER，好矮油

由孟加拉矮老虎提煉的矮老虎油，絕對不摻任何一滴高老虎油。

極品珍寶，送給最親愛的人！

矮

LOVE
TIGER

特價 520

PART 2

本章將以豬作為學習的楷模，以豬的生活方式作為引領我們生活的指南，希望大家都可以快樂地變成豬。

天啊!!!!

1. 負面情緒

　　人生在世，總會有一兩個活不下去的時刻。也許是被甩，也許是失業，也許是破產，也許是更悲慘的事情。面臨這樣的時刻，我們難免會產生「不如歸去」的念頭。一般的勵志書會告訴你，你之所以會產生這些消極的念頭，都是你自己的錯。因為你想太多、因為你不夠積極、不夠正面。一般的勵志書會告訴你，忍一時風平浪靜，退一步海闊天空，要轉念、拋下煩惱，你就可以擁有平靜的生活。

　　可是真正經歷過低潮的人都知道，煩惱才不是說拋下就可以拋下的東西。煩惱沒有形體，無法觸及，又要怎麼拋去？所以，下次如果有人跟你講一些「放下執念、拋下憂愁」之類的鬼話，你就拿一張紙，在上面寫「執念、憂愁」或其他對方認為你應該要拋棄的東西，然後把那張紙揉成一團塞到對方的嘴裡。（好吧，塞到嘴裡那部份有點太超過了，不過你懂我的意思。）

　　負面情緒這種東西就像影子一樣，會一直黏在我們身上，無法切

只要活著就會有煩惱

除。再歡快、樂觀的人，也都會有憂傷的時候，沒有人隨時隨地都是百分之百的快樂。其實情緒本來就是中性的，沒有好壞之分。但在現代社會，喜悅之所以被認為是好的，而生氣、悲傷被認為是壞的，是因為大部分的人不喜歡跟愁眉苦臉愛生氣的人在一起。老實說如果你自己一個人在家裡對自己生氣，或者哭得呼天喊地，大概也不會有什麼人有意見。

所以說到底，人都是自私的。堂而皇之讚揚正面情緒的人，充其量也只是不想被他人的負面情緒影響罷了。仔細想想，一天到晚鼓勵你積極向上的人，真的在意你的煩惱嗎？真的在意你失戀、沒錢、沒工作嗎？搞不好他們只是不想再看到你的苦瓜臉。

那麼真的活不下去的時候，該怎麼辦呢？我建議，就想想豬吧！

豬可是全身上下都可以吃的動物呢！
豬死了還可以做成香腸，
我們死了，對誰有好處呢？

2. 沒ㄇㄟˊ朋ㄆㄥˊ友ㄧㄡˇ

被排擠之所以成為一個問題，這是因為我們假設了「人就要有朋友」這個前提。人當然有朋友比較好，朋友可以陪我們玩樂、聽我們訴苦、借我們錢、跟我們借錢、搶我們的男／女朋友⋯⋯等等，這麼一想，沒有朋友好像也不是什麼壞事。

人本來就是孤單一人來到這世上，自然也是孤單一人的離去，而在出生到死亡之間的這段時間，有沒有他人的陪伴，其實也就只是個「感覺」問題。有朋友在身邊「感覺」比較好的人，自然喜歡呼朋引伴。而喜歡呼朋引伴的人，自然呼得到朋、引得到伴。不喜歡的，就⋯⋯沒朋友。

老實說，沒朋友也不是什麼很嚴重的問題。要不要交朋友，本來就只是一種選擇而已，偏偏有些人喜歡把「沒朋友」搞成像個詛咒還是傳染病什麼的，好像沒朋友就死定了。

其實一直以來，讓人覺得討厭與困擾的，並不是沒朋友，而是「別

人指控你沒朋友」這件事。喜歡一個人行動就一個人行動，為什麼不行？偏偏在現代社會，單獨行動的人，就會被貼上「邊緣人」的標籤。

有人換工作，到新公司第一個禮拜都不敢帶便當，因為中午不跟大家一起吃飯好像很不合群，怕這樣會交不到朋友。公司氣氛好、同事也很好就算了，但如果同事都是一些喜歡說三道四的機歪人，跟這種人攪和在一起，會比當邊緣人好嗎？你難道沒有發現，最愛貶低邊緣人的，正是喜歡搞小團體的機歪人嗎？

「邊緣」其實是一個相對的概念，在沒有「中心」的情況下，哪裡會有邊緣？所以邊緣人這個說法，大概是一些很想成為焦點的人發明出來的吧！這樣的人八成希望全世界都是邊緣，這樣他就會是中心了。

好啊，你喜歡當世界中心，你去當好了，我才不管。我只想說，我邊緣，干你屁事啊？

被排擠的時候，把自己想成豬吧，
豬會在意牠有沒有朋友嗎？
不管有或沒有，最後都全部一起做成香腸啦！

3. 錢ㄑㄧㄢˊ 錢ㄑㄧㄢˊ 錢ㄑㄧㄢˊ

　　我個人認為，沒錢的痛苦，是苦中之苦。不過，這大概是人類獨有的痛苦，畢竟天地萬物中，只有人類的生活需要用到錢。近幾年因為資本主義的擴張，造成了很多不平等，也造成許多災難。有人說，既然如此，不如讓我們都回到不需用錢的原始狀態吧！

　　有些人真的興起了返樸歸真的想法，他們離開城市，到鄉間過著自給自足的生活。也有些人過著佔領空屋，撿超市的剩食來吃。這些人認為金錢是造成人類痛苦的主因，因此致力於過著不消費的生活。

　　我覺得這樣的想法很偉大，但如果要我這麼做，我大概連一天都活不過吧！我是一個有著無窮慾望的人，想吃好吃的東西，想穿漂亮的衣服，想住在舒適的房子裡頭。

　　慾望與錢，是兩個互相影響的東西。剛出社會的時候領22k，每個月都把薪水花光。升遷之後，薪水稍微增加了，想買的東西也一

吃　　土

起變多了，因此最後還是把薪水花光。什麼每個月要存下薪水的幾分之幾這種事，只能等下輩子了。

但沒有錢的時候，慾望卻會無限擴張。越是接近月底，越是覺得街上每一家服飾店都在發光，每一件衣服都耀眼得不得了。口袋空空的時候，網路上的美食資訊特別多，好像各種排隊名店都趁這個時間開幕。不過等月底過了，真的領到薪水之後，卻又有點懶得去消費。

有的時候我們花錢，求的只是花錢這個動作而已。把錢花光光這件事本身就充滿了魅力，而錢究竟是花在哪些事物上，則完全不重要。同樣是花錢，「亂花錢」與「精打細算的消費」，在本質上是完全不同的啊！但如果有人可以完全不消費而活著，就表示人活著不一定需要錢。我們需要錢，只是因為花錢很快樂而已。

有錢的時候花錢，沒錢的時候就吃土。

豬每天吃土滾泥巴，
過著無憂無慮的生活，
只是最終還是會變成香腸。

4. 修（ㄒㄧㄡ）出（ㄔㄨ）來（ㄌㄞ）的（ㄉㄜ）顏（ㄧㄢ）值（ㄓ）

自從修圖軟體開始普及、機票變得便宜之後，常常聽到朋友間討論某人是不是整形的耳語。

「那個ＸＸＸ也長得跟大學時差太多了吧！那個鼻子一定有整過。」友人Ａ信誓旦旦的說。隔了一陣子，友人Ａ和ＸＸＸ在一個飯局遇到了。事後，友人Ａ傳了訊息給我。

「原來那個ＸＸＸ沒有整形！！修圖技術也太好了吧！！照片跟本人根本長不一樣！！」雙倍的驚嘆號足以表現友人Ａ的訝異。後來友人Ａ只要找到機會，就會盯著ＸＸＸ的臉看，搞到最後ＸＸＸ還以為Ａ暗戀她。

修圖軟體不只改變了世界的風景，也改變了人類的行為。現在幾乎沒有人不修圖就上傳照片了，就連好萊塢的明星也都免不了琢磨一番，甚至還有明星抗議雜誌把她修得太不像本人。不過，既然長得好看的人都要修圖了，長得不好看的人更沒有不修的道理。

有些人是這樣

自拍

朋友拍

有些人則是

自拍

404 NOT FOUND
哎呀沒朋友

朋友拍

不過修圖還是有極限，有些人喜歡把美肌開到最強，最後整張臉白得像日光燈管，五官只剩下眼睛和鼻孔，以及細細一條嘴縫，看起來就像佛地魔。修到這樣，不如戴面具算了，還拍照幹嘛呢？

想到網路上的每個人都把自己修到像假人一樣，有時也會興起「我要力抗潮流，絕對不修圖」的想法。但看到明明本人長得不怎樣的醜人，修完圖之後，竟然比自己還好看，又不爭氣地打開了修圖軟體。

有一次我心血來潮，決定幫豬修圖。我幫豬開了美肌，使用磨皮美白功能，增大眼睛、又用液化功能把身形修瘦。最後發現，這隻修圖過的豬，只要再加上一頂假髮，就跟網路上大部分的人一樣像佛地魔呢！

不過，就算是像佛地魔的豬，也還是豬，
最後還是會被做成香腸啊！

5. 關於(ㄍㄨㄢ)於(ㄩ)夢(ㄇㄥ)想(ㄒㄧㄤ)

#厭世生活指南
#夢想這條路不是跪著就能走完

　　有些人很喜歡講一句話:「我不是做不到,而是不想做／懶得做／沒時間做而已。」這個為自己找藉口,充滿濃厚失敗主義氣息的句子,是許多勵志書籍大力撻伐的。但我認為這句話再正確不過了,因為世界上大部分重要的事情都是大多數人不想做(或懶得做、沒時間做……等以下略)的,因此願意完成這些事情的人,就成為萬人讚賞、崇拜的成功人士。

　　這些令人尊敬的成功人士,很可能花了數十年、數十億的金錢研發一種不會排放廢氣的交通工具或可以治療癌症的藥之類,但同樣的時間與金錢,你我等廢人大概寧可花在吃螃蟹吃到飽或看影集上面。

　　發懶而無所事事本來就是人類的常態,是真實的人性,能夠征服人性的缺陷而努力奮發向上才是異數。或許我們可以說,這樣的人是真正有才能的人,而大部分的人就是沒有才能而已。

有能力的人就會站上舞台，沒能力的人成為平台

為什麼我們要為自己沒有才能這件事感到抱歉，並拚命找藉口掩飾呢？沒有才能並不丟臉，畢竟這個世界是由1%有才能的人，與99%無才能的人組成的。承認自己屬於那99%，並沒有值得非議之處。

有些人可能會反駁，認為能就成就大事業的人，不過是有良好的家世背景，跟有沒有才能無關。他們會說：「如果我爸爸是郭台銘，我也可以……」問題是，郭台銘只有一個，但癡心妄想的人卻有千千萬萬個。

與其向世人宣告「我不是做不到，而是不想做／懶得做／沒時間做而已」，不如大方承認自己就是一個廢人，從頭到尾都沒有什麼理想抱負，就算有錢有時間也只想吃喝玩樂。說出「我就是做不到」，不但不可恥，還很輕鬆。

承認自己的無能是快樂生活的關鍵。不願面對事實，幻想自己能夠有所成就，才是痛苦的源頭。

每天吃豬肉的時候，想想豬吧！
豬就是因為沒有夢想，
才能快樂地活著啊！

6. 豬（ㄓㄨ）讚（ㄗㄢ）友（ㄧㄡ）

　　現在的社群網站有一種恐怖的現象，無論是什麼樣的人，只要上傳了自己的照片，或是分享自己最近的作品，就會有一群不分青紅皂白一律按讚並留言「好美！」、「好帥！」、「你好棒！」的讚友。

　　這些讚友可能是完全素昧平生的網友，也有可能是真實生活中認識但不太熟的點頭之交，但他們全部都有一個共同點：你的死活和他們完全無關。基本上，這些人有著氾濫的愛心與禮貌，透過給予他人讚美建立自己良好的形象。這樣的人我稱之為豬讚友。

　　真正的朋友會在你穿了醜衣服、化了不適合的妝時，適時的提醒你。因為真正的朋友在乎你，不希望你出糗給自己難看。豬讚友留言按讚花不到十秒鐘，但意志不堅定、沒有自知之明的人，很容易就被過頭的讚美擄去，最後紛紛作出丟臉之事。等到發現時，已經為時已晚。

就算淋雨、被揍、被狗咬
豬隊友還是會要你
堅持下去

我曾在社群網站上看到某位友人化了非常俗氣的妝，卻被豬讚友們譽為「如模特兒般美貌」。後來，該友人便堅信自己可以成為小模，不斷地投履歷，卻都石沉大海。在豬讚友的矇騙下，友人浪費許多時間精力在這輩子恐怕都無法做到的事情上，但讚友們會在乎嗎？顯然不會。

　　對於自己的容貌沒有自知之明而幻想成為明星，這樣的遭遇只能算是小災難。烹飪的食物普普通通，卻因為被不明究理地捧上天，進而貸款開餐廳；或是明明畫出來的東西不怎樣，卻被讚友稱為天才畫家，最後辭掉工作專心創作。這些，才是真正的大災難。

　　更恐怖的是，讚友不會讓你放棄。「開餐廳已經五個月了，生意一直沒有起色，我的存款已經見底了……我是不是沒有才能呢？放棄好了。」如果在社群網站上貼出這樣的文字，讚友們居然還會留言：「你很棒，不可以放棄！」「要加油，堅持下去！」但當你真的需要金援時，這些人可是一毛都不會拿出來啊！

　　時至今日，我還是無法理解豬讚友這些行為背後的動機。可能是日行一善消業障吧！

當你快要迷失時，想想豬吧，
豬根本不會上網啊！

7. 論工作

#厭世生活指南
#大部分的人光是能活下來就要偷笑了

曾經流行過一句話:「與自己愛好相關的工作,就是最幸福的工作」,導致有些人真的以「從事與愛好相關的工作」為目標,如果找不到這樣的工作,就覺得自己是失敗的魯蛇,人生頓時失去意義。

我認為這句話有一個非常大的謬誤,那就是根本沒有「幸福的工作」這種東西。所有的事情,只要被冠上「工作」之名,必定是不幸福的。這個概念其實不難理解,我可以用我自身的例子說明。在我成為一位圖文作家之前,每天短暫的繪畫時間是我幸福的泉源,但當我簽下出版合約,被編輯逼著交稿之後,每寫下一句話、畫出一張圖,都讓我痛苦萬分。

世界上所有背負著責任之事,必定伴隨著痛苦。因此想要藉著從事與自己興趣愛好相關的工作,藉此迴避工作的痛苦,是不可能的。大家大可屏棄這樣的念頭,隨便做一個薪水不錯的工作,在閒暇之餘從事自己喜歡的活動即可。

一份工作究竟是不是一份幸福的工作，取決於薪水與公司的福利。再無聊的工作，只要薪水夠高，特休多且不用加班，我也願意做。反之，與自己愛好相關，卻連吃飯的錢都賺不了的工作，還是留給別人吧！

　　因此，千萬不要為了「追求夢想、理想」等理由辭職，唯一值得辭職的理由，就只有「高薪」兩個字而已。賦予工作過多意義是沒有道理的，因為除非你自己當老闆，否則大部分的工作也不過是在做老闆的狗而已。差別只在於你是吃牛排的狗，還是吃乾糧的狗，甚至是吃不飽的狗。

　　人不工作賺錢就會餓死，這是不爭的事實。所以工作最重要的目的是讓你存活，而不是讓你藉此找到自己存活的意義。能在工作中實現自我的人少之又少，大部分的人光是能活下來就要偷笑了。

想辭職的時候就想想豬吧，
豬從出生到死都沒工作過呢！

累得跟人一樣

8. 談戀愛

　　台灣的家長非常奇怪，他們大多反對自己的孩子在國高中、甚至大學時交男／女朋友，卻希望孩子在出社會一兩年後趕緊結婚。彷彿結婚對象會從天上掉下來一樣，想結就可以結。

　　這樣的想法在以媒妁之言為主要結婚管道的年代，或許還行得通。但在自由戀愛的年代，談個戀愛就像是在戰場廝殺，年輕時若沒有經驗，年紀越大越不容易找到對象。

　　三十幾歲了卻還沒有談過戀愛，不論男女，都會被貼上「有點問題」的標籤。當然許多人就只是因為忙碌、生活圈小、工作性質不易認識朋友等因素，導致單身多年。但這樣的人在認識新的對象時，難免會被懷疑是否生理、心理有缺陷，才一直交不到男／女朋友。

　　偏偏，單身越久的人，常常特別挑剔。我可以理解這是一種類似近鄉情怯的心情，畢竟都已經單身這麼久了，既然要談戀愛，就非得找一個完美的對象啊！

每次有人說
「你這麼美/帥，
　怎麼會沒有男/女朋友?」
　不就表示長得醜
　　就活該單身嗎!?

不過，我必須奉勸各位，千萬不要抱持這樣的想法。當然，如果你對談戀愛已經不抱任何希望，那麼可以試著尋覓你的完美另一半。但如果你還想奮力一搏，想在被擇偶市場完全淘汰之前，找到一個可以談戀愛的對象，那麼你就必須放下自尊，捨棄你設定的各種標準，先取得進入戀愛世界的門票。

世界上沒有完美的對象，這句話大概所有部落客、兩性作家都講爛了，卻仍然有很多人抱持著這樣的幻想在尋找另一半。這或許可以歸咎於日劇、韓劇、浪漫電影為我們編織了太美好的世界，但你要知道，這些影劇作品不用為你的人生負責，如果因為看不清現實而孤老終身，苦的也是自己而已。

不過，孤老終身一定不好嗎？我並不認為。單身有很多好處，可以自由自在，不被束縛。如果選擇單身而充分享受了單身的好處，也是美事一樁。慘的是，有些人徘徊在兩者之間，既嘗不到愛情的甜美，也嘗不到自由的滋味。

無論如何，交往之前都想想豬吧！
豬這輩子可沒談過戀愛，就被做成香腸了。

狗都不見得單身了.
誰還跟你單身狗？

9. 活著
就是一筆交易

有一天下午，我跟辦公室的女性同事們，聊起了捐卵的話題。在網路上查到，捐卵若成功，可以得到一筆金額不小的「營養費」。一位同事就說，拿到那筆營養費後，去做個假鼻子或假奶，或許也能靠著賣身過著不錯的生活。

每當社會上傳出有女星或小模賣淫的新聞，總是會受到一片撻伐。但是大多數的人或許都沒想過，賣淫之事並不是人人可做。我們這等普通女子，既沒身材也沒臉蛋，年紀老大不小，如果去賣淫，恐怕還會被退貨。

曾有新聞是國中女學生居然為了八百元的網路遊戲點數卡，就賣了自己的初夜。一位朋友下了很精準的評論：「可怕的不是小女孩販賣初夜（雖然違法），而是她不知道自己的價值。」

在現代資本主義社會，只要不違反法律，基本上沒什麼是不能

我很好吃喔！

賣的。有些衛道人士瞧不起性工作者，認為他們出賣肉體靈魂。但事實上，每一個在職場工作的人，誰不是在出賣肉體靈魂，誰不是老闆的狗呢？

出賣靈魂肉體不可恥，可恥的是賣不到好價錢。我也曾被老闆逼著，為了我不認同的產品寫了我不認同的文案，當下我也覺得我出賣了自己的靈魂。但真正讓我感到痛苦的，是靈魂受到折磨之後，居然沒有金錢的補償。我的薪水少得可憐，我覺得我就是那個為了八百元點數卡販賣初夜的國中少女！

人生在世，難免必須做點讓自己痛苦的事才能存活下來，但我們總是得提醒自己時時檢視，自己遭受的痛苦到底值不值得。

不過話說回來，
豬就是為了賣肉而生的生物，
只不過肉被賣掉的時候，
豬也已經死了。嗚呼哀哉！

10. 厭世生活

#厭世生活指南
#活著就好

　　以上幾篇文章，只是提供各位在殘酷世界中生存的簡易指南。其實世界發展至今，人的命運好壞可以說是從出生那刻就決定了。三級貧戶選上總統的例子，也只有阿扁而已，而且他後來也被關了。這就是一個不公平的世界，我們無力反抗，那麼就討厭它吧！

　　當我工作很累，快要撐不下去的時候，我就會打開 Airbnb 或 Trip Advisor，看一看景點的照片，自己彷彿就已經去過了。後來，我還發現可以用 google map 的街景功能環遊世界。

　　這是一種心境上的轉換，在 google maps 裡面，人人都是平等的。而在這個亂世之中，厭世，就是我們的 google maps。

　　厭世並不是要你放棄生活，相反的，厭世是一種幫助我們活下去的浮木。厭世就是，承認我們的不堪、我們的醜陋、我們的懶與廢、我們的無能為力，接受這些，然後想想豬。

　　我常常覺得，真正會殺死人的，不是現實，而是看不清現實。我

没钱旅行，
你還有 Google maps

們的生命渺小如螻蟻，我們從來都不是什麼很重要的東西。

　　認知到這點之後，生活變得輕鬆多了。

　　不要覺得自己有什麼非追求不可的夢想，人的一生沒有什麼非完成不可的事，能夠平安活著，就已經是大幸。

你窮，是因為父母窮；
你醜，是因為基因差；
沒錢旅行，你還有 google maps。

06

傳說鴿漂白水

該不會真的用過ㄅ

看鴿的眼神就知道，鴿保證能漂白任何髒污。交給鴿，準沒錯！

白鴿

特價78

07

雞王雞湯

＃暖冬泡湯好87

全台唯一以雞的體溫發熱之湯泉，能滿足您的細膩肌膚、挑剔味蕾。冬天到了，來雞王雞湯享受人生吧！

特價 777

08

雞家手作純雞精

＃通通拿去做ㄅ

雞家手作純雞精，
手工榨取雞的精華，
香淳濃，一滴營養都不漏。

特價38

0 9

趕貓膠囊

\# 你好煩你好煩你好煩

您的住所已經被貓佔據了嗎？您需要強效趕貓膠囊，為您趕走不必要的貓。

特價 555

厭世寓言與童話

耶～

PART 3

本章解析動物寓言與童話，提供您解讀世界的嶄新角度。這樣以後就算被騙，也會比較開心。

1. 青蛙王子

#厭世寓意
#自作多情就不要談條件

從前有個可愛的小公主，

國王給了她一個金球，她非常喜歡。

有一天她在花園裡玩，

一不小心讓金球掉進了花園的池塘裡。

小公主非常傷心，哭了起來。

這時一隻青蛙從池塘裡冒出來，

對小公主說：「我可以幫你找到金球，但是有一個條件……」

小公主說：「是喔那就算了。」

The End

2. 小ㄒㄧㄠˇ紅ㄏㄨㄥˊ帽ㄇㄠˋ

野狼兄弟的媽媽對他們說：

「附近森林裡有美味的獵物，

媽媽去抓給你們吃，很快就回來。」

一個禮拜後，

警方發現野狼媽媽穿著老奶奶睡衣、

肚子裡裝滿石頭，陳屍在河邊。

小紅帽全劇終

3. 仙ㄒㄧㄢ鶴ㄏㄜˋ報ㄅㄠˋ恩ㄣ

從前有一位年輕的樵夫，他每天都會上山砍柴。

有一天，他在山上發現一隻鶴被捕獸夾夾住了。

樵夫心生憐憫，便把鶴給放了。

隔天，住在樵夫隔壁的獵人很生氣的找樵夫理論。

獵人說：「你這王八蛋是不是放走我捕獸夾裡面的獵物？」

樵夫說：「對啦就是我放的怎樣？」

獵人說：「你這笨蛋，那是我要送你的生日禮物啊！

你為什麼總是⋯⋯不懂我的心意呢⋯⋯」

說完獵人就哭著跑走了。

The End

4. 黃(ㄏㄨㄤ)雀(ㄑㄩㄝ)報(ㄅㄠ)恩(ㄣ)

#厭世寓意
#助人為快樂之本

從前有個心地善良的男孩，他非常喜歡小動物。

有一天他在山上發現一隻受傷的黃雀，

便把黃雀帶回家，細心照顧。

過了幾天，黃雀的傷好了，

男孩就把黃雀放回山上。

當天晚上，男孩在半睡半醒間看見一個

穿著黃衣的童子來到他的房間。

童子說：「我是你幾天前救下的黃雀，現在來報恩了。

我要警告你一件事，你最近是不是在拍賣網站上買東西？」

男孩大驚，說：「對啊，你怎麼知道？」

黃衣童子說：

「你設定成分期付款了，現在每個月都會重複扣錢喔！」

男孩說：「那怎麼辦？」

黃衣童子說：

「沒關係，我明天會打電話教你怎麼解除設定，記得接我電話。」

於是男孩安心睡去。能夠幫助別人真是太好了呢！

The End

5.武ㄨˇ松ㄙㄨㄥ打ㄉㄚˇ虎ㄏㄨˇ

#厭世寓意
#裝可愛就不會被打

武松上山打老虎，
老虎：「呼嚕呼嚕～」

全劇終

6. 龜ㄍㄨㄟ 兔ㄊㄨ 賽ㄙㄞ 跑ㄆㄠ

有一天，烏龜約兔子賽跑。

兔子雖然覺得很奇怪，但還是答應了。

兔子和烏龜相約從森林的東邊跑到西邊。

就在準備起跑的時候，兔子問烏龜：

「請問跑贏有什麼獎品呢？」

烏龜說：「沒有獎品ㄚ～」

兔子生氣大罵：「去你的王八蛋耍我啊！」

然後踢了烏龜一腳，結果踢太大力把烏龜踢到終點線，

烏龜就贏了。

The End

7. 七隻小羊

從前有隻羊媽媽生了七隻小羊，

她獨自扶養七個小孩非常辛苦。

有一天羊媽媽對小羊說：

「媽媽要出門上班，等一下不管誰來敲門都不能開喔！」

小羊們非常乖巧的答應了。

然後羊媽媽再也沒有回來了。

The End

8. 三ㄙㄢ隻ㄓ小ㄒㄧㄠˇ豬ㄓㄨ

#厭世寓意
#再厲害的豬也難逃一死

從前有三隻小豬，因為成年了所以被趕出家門，

要在外面自立更生。

豬大哥很懶，所以決定隨便蓋個茅草屋，

最後變成香腸。

豬二哥很貪吃，他決定砍柴做木屋。

最後變成肉乾。

豬小弟聰明認真有能力，他用功讀書，取得建築執照。

後來又自己畫設計圖，蓋了一棟紅磚屋。

聰明的豬小弟最後變成肉鬆。

The End

9. 醜(ㄔㄡˇ)小(ㄒㄧㄠˇ)鴨(ㄧㄚ)

厭世寓意
#自己騙自己，騙不了一輩子

從前有隻長得很醜的小鴨子，牠兄弟姊妹都嫌牠醜，

連鴨媽媽也因為牠醜而不理牠。

有一天牠決定離開冰冷的家，到外面的世界尋找溫暖。

牠走到一個池塘邊，

看到一隻天鵝帶著一群很醜的小鴨子游水。

「原來我是天鵝的孩子！我長大就會變天鵝了！」

醜小鴨恍然大悟，並決定跟天鵝們一起生活。

幾個月之後，醜小鴨長大了，變成一隻醜大鴨。

The End

10. 父ㄈㄨˋ子ㄗˇ騎ㄑㄧˊ驢ㄌㄩˊ

從前有一對父子牽著一頭驢要進城趕集，

路人看到了就說：「你看那對父子好智障，有驢子還不騎。」

於是爸爸叫兒子騎驢，兩人繼續趕路。

路人看到了又說：

「矮鵝你看那兒子好不孝順，自己騎驢叫爸爸走路。」

爸爸只好叫兒子下來走路，自己騎驢。

路人看到了又說：「唉呦這爸爸好殘忍，自己騎驢叫兒子走路。」

爸爸聽到了就叫兒子也騎上驢。

驢子說：「ㄍ你開基祖！別人叫你做什麼你就做，

那如果有人叫你把我宰來吃你不就」

從此再也沒有人靠北這對父子了。

The End

11. 指ㄓ鹿ㄌㄨˋ為ㄨㄟˊ馬ㄇㄚˇ

#厭世寓意
#鹿不會講話

秦二世在位的時候，宰相趙高位高權重，一心想篡位。

有一天趙高牽了一頭鹿，對秦二世說：

「皇上，這匹千里馬送你。」

秦二世說：「這哪是馬？這是鹿啊！」

趙高說：「不不不，這是馬。不然你問其他人。」

許多大臣因為害怕趙高，所以都附和：「是馬！是馬！」

鹿說：「靠北啊你們是瞎了嗎？拎北頭上長角，

最好是馬啦！趙高你是智障嗎？」

當天晚上，趙高宴請朝臣吃烤全鹿，大家都很開心。

The End

12.鷸蚌相爭

有一天一個蚌在岸邊曬太陽，因為太舒服了便把殼打開。

一隻鷸從天上飛過，看到蚌肉外露，就衝下來咬住牠。

蚌驚懼之下把殼閉起來，夾住了鷸。

鷸蚌夾在一起，誰也不願意放開對方。

蚌決定對鷸好言相勸，便開口說……

蚌一開口，鷸就飛走還把蚌肉吃掉了。

The End

13. 指ㄓˇ鹿ㄌㄨˋ為ㄨㄟˊ馬ㄇㄚˇ 續ㄒㄩˋ篇ㄆㄧㄢ

第二天，趙高又牽著一頭鹿到秦二世面前，說：

「皇上，這匹千里馬送你。」

秦二世說：「這是鹿啊！馬頭上沒有角！」

鹿把角折斷說：「我是馬！我是馬！老闆說我是千里馬，

我就跑一千里啊啊啊啊啊啊！」

然後牠到現在都還在跑。

The End

14. 小_{ㄒㄧㄠˇ}王_{ㄨㄤˊ}子_{ㄗˇ}

大人說這是一頂帽子，小王子說這是蛇吞象，
我覺得這是做伏地挺身的蛇和做仰臥起坐的大象。

The End

15. 黔(ㄑㄧㄢˊ)之(ㄓ)驢(ㄌㄩˊ)

從前「黔」這個地方沒有驢子，

有天一頭外地的驢子來到這裡。

當地的老虎從來沒見過驢子，

看到牠長相怪異且體型龐大，以為牠是神，十分敬畏。

過了幾天，老虎發現驢子除了叫和踢之外，

沒有其他的本事，就一口氣衝到驢子旁邊，

問牠：

「論文寫完了嗎？」

The End

16. 桃太郎

桃太郎帶著狗、猴子和雉雞要去鬼島殺惡鬼為民除害，
結果發現鬼島上什麼也沒有。

The End

17. 狐ㄏㄨ狸ㄌㄧ與ㄩ鶴ㄏㄜ

有一天狐狸約鶴到家裡吃飯，牠用很淺的盤子盛湯，

但鶴的嘴又長又硬根本吃不到。

幾天後鶴邀狐狸來家裡，牠用長頸細口瓶裝菜請狐狸吃，

但狐狸沒有細長的嘴所以吃不到。

狐狸生氣地把瓶子摔破，沒想到瓶中滾出一個戒指。

此時鶴跪下對狐狸說：「其實我喜歡你很久了，嫁給我吧！」

狐狸熱淚盈眶地說：「好。」

鶴說：「騙你的。」

The End

18. 烏鴉與狐狸

有一天烏鴉叼著一塊肉飛到樹枝上，

狐狸看到便想了一個詭計要騙烏鴉。

牠對烏鴉說：「我的天哪！你全身黑黑的好時尚好漂亮！

想必你的歌聲也很好聽！拜託你唱幾句給我聽好ㄇ？」

烏鴉心想：「王八蛋想騙我沒讀過伊索寓言，

我一開口肉就會掉下去被你撿去了！ㄐㄅ啦！

拎北現在就吃給你看啦！」

結果吃太快就噎死了。

The End

19. 老鼠與獅子

有一天獅子抓住了一隻老鼠，正要吃掉老鼠時，老鼠說：

「先別吃我，搞不好未來我可以救你一命！」

獅子心想老鼠這麼小最好是可以救自己，

但這麼小的東西吃了也沒意思，就把老鼠放了。

幾天後獅子誤入獵人的陷阱，被困在網子裡。

老鼠看到了便跟獅子說：「我可以咬破網子救你出來ㄟ！」

獅子說：「太好了快救我！」

老鼠說：「不要。」

The End

20.歌蒂拉

＃厭世寓意
＃闖空門還罵人豈有此理

有一個叫歌蒂拉的小女孩在森林裡迷路了，

她又冷又餓又害怕。

忽然間，她聞到一股好香的味道，

便循著味道找到一間木屋。

歌蒂拉進入木屋之後，發現裡面一個人也沒有，

只有一張大餐桌，上面放著三碗麥片粥，兩碗大的，一碗小的。

桌子旁邊放著三張椅子，也是兩大一小。

歌蒂拉吃了一口大碗的粥，覺得太燙了，

改嘗小碗的，溫度剛剛好。歌蒂拉就把小碗的粥吃完了。

吃完了粥，她覺得非常的累。

木屋裡有一張大雙人床和一張小床。

她躺了大床，覺得太硬了，便改躺小床。

軟硬剛剛好，於是歌蒂拉就睡著了。

不久之後，熊爸爸、熊爹地和小熊寶寶回到木屋，

發現有人闖入他們的家，

吃了小熊寶寶的麥片粥還睡了小熊寶寶的床。

熊爸爸把歌蒂拉叫醒，生氣的說：

「你這個闖空門的小偷！我要報警！」

歌蒂拉說：「天哪你們是同性戀我要怎麼教小孩！」

The End

21. 狐ㄏㄨˊ假ㄐㄧㄚˇ虎ㄏㄨˇ威ㄨㄟ

有一天狐狸和老虎在討論誰是萬獸之王。

狐狸說：「當然是我囉！你跟著我到外面走走就知道了。」

於是老虎和狐狸一起走在路上，動物們看到老虎都嚇得躲起來。

老虎以為動物們怕狐狸，感到十分欽佩，便對狐狸說：

「你果然是萬獸之王。」

狐狸說：「那麼，請你馴養我吧！」

老虎說：「甲賽啦！」

The End

22. 不ㄅㄨˋ來ㄌㄞˊ梅ㄇㄟˊ樂ㄩㄝˋ隊ㄉㄨㄟˋ

從前有一隻驢子、一隻狗、一隻貓、和一隻雞，

因為變老了沒用了所以被主人丟棄。

牠們很害怕自己會被吃掉，所以連夜逃走。

牠們決定組成「不來梅樂隊」，但牠們既不是樂隊，也不在不來梅。

The End

23. 雞ㄐㄧ 犬ㄑㄩㄢ 升ㄕㄥ 天ㄊㄧㄢ

#厭世寓意
#人家的藥不要隨便亂吃，
　會死翹翹乙

淮南王劉安煉成仙丹，修煉成仙之後，

他把剩下的仙丹撒在地上。

他養的雞和狗吃了剩下的仙丹，就升天了。

那到底是什麼藥，也給我來一點……

The End

雞犬升天

24. 貪ㄊㄢ 心ㄒㄧㄣ 的ㄉㄜ 狗ㄍㄡˇ

從前有一隻狗餓了一整天，好不容易撿到一根骨頭，

便帶著骨頭回家。回家路上，狗經過一座小橋。

牠往橋下一看，發現水中有另外一隻狗也叼著一根骨頭。

狗心想:「哇！那根骨頭真大！

如果我擊敗牠的話，我就有兩根骨頭可以吃了！」

於是牠對水中的狗汪汪大叫，結果水裡的狗跳了出來，

把橋上的狗踢到水裡，奪走牠的骨頭走了。

The End

010

厭世徵信社，
讓猴子無路可逃。

抓猴

特價995

厭世徵信社

#討m，抓三小啦

人生顧問叢書 CFI0255

THE ZOO OF DEPRESSION

厭世動物園

天天都有ㄐㄅ事 天天都厭世～
【#各種眼神死ㄉ動物故事】

作者—厭世姬
主編—CHIENWEI WANG
美術設計—PEI YU WANG
執行企劃—HSIAOHAN HUANG

董事長—趙政岷
出版者—時報文化出版企業股份有限公司
108019台北市和平西路三段240號3樓
發行專線—（02）2306-6842
讀者服務專線—0800-231-705・（02）2304-7103
讀者服務傳真—（02）2304-6858
郵撥—19344724時報文化出版公司
信箱—10899臺北華江橋郵局第99信箱
時報悅讀網—http://www.readingtimes.com.tw
法律顧問—理律法律事務所 陳長文律師、李念祖律師
印刷—勁達印刷有限公司
初版一刷—2017年01月20日
初版五刷—2022年11月22日
定價—新台幣300元

厭世動物園：天天都有ㄐㄅ事 天天都厭世～
【#各種眼神死ㄉ動物故事】/厭世姬 著
-- 初版.-- 臺北市：時報文化, 2017.01
216 面；17×17 公分. --（人生顧問叢書；CFI0255）
ISBN 978-957-13-6886-3（平裝）
1.心理勵志 2.人生管理 3.生活指導 4.繪本
177.2   105025203

時報文化出版公司成立於一九七五年，並於一九九九年股票上櫃公開發行，於二〇〇八年脫離中時集團非屬旺中，以「尊重智慧與創意的文化事業」為信念。

ISBN 978-957-13-6886-3
Printed in Taiwan

扉页的第三页

扉ㄈㄟ頁ㄧㄝ的ㄉㄜ第ㄉㄧ四ㄙ頁ㄧㄝ